Cuidemos el ambiente con Sesame Street

¡Ahorremos Energía, Beto y Enrique!

Jennifer Boothroyd

ediciones Lerner ◆ Mineápolis

Cooperar y compartir son una parte importante de *Sesame Street*, y del cuidado de nuestro planeta. Todos compartimos la Tierra, entonces depende de nosotros cuidarla juntos. Los libros *Cuidemos el ambiente con Sesame Street*® cubren todo, desde apreciar la belleza de la Tierra hasta conservar sus recursos, ayudar a mantenerla limpia y más. Y los conocidos amigos peludos de *Sesame Street* ofrecen a los pequeños lectores algunas formas sencillas de proteger el planeta.

Saludos.

Los editores de Sesame Workshop

El texto de este libro se imprime en papel compuesto en un 30 % de papel fabricado a partir de fibras recicladas después del consumo.

Contenido

La energía de todos los días **4**

¿Por qué necesitamos energía? **6**

¿De dónde sacamos la energía? **10**

¿Cómo podemos usar menos energía? **18**

Todos los días es el Día de la Tierra ... 28
Tengamos una tarde con energía propia 30
Glosario ... 31
Índice ... 32

La energía de todos los días

Enrique, ¿dejaste el televisor encendido cuando te fuiste de tu habitación?

Sí, Beto. Creo que me olvidé de apagarlo.

¿Por qué necesitamos energía?

La energía nos ayuda a hacer muchas cosas. Calienta y enfría nuestras casas. La energía nos da luz.

La energía nos ayuda a divertirnos.

También nos ayuda a viajar.

La energía hace que los automóviles se muevan y que los aviones vuelen.

¿De dónde sacamos la energía?

La energía permite que muchas cosas se activen.

Un televisor usa la electricidad que viene de un cable.
Un control remoto usa electricidad de las baterías.

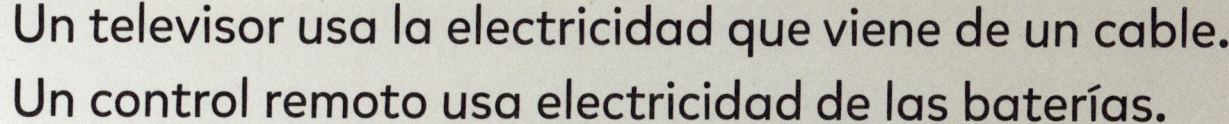

Me gusta mirar a las personas interpretar *música* en televisión.

Las fábricas producen gran parte de la energía que consumimos.

Algunas veces estas fábricas ensucian el aire.

Cuanto más limpio sea el aire, más saludable será para las personas y los animales.

Algunas maneras de producir energía mantienen el aire más limpio.

La energía solar viene del Sol.

El viento hace girar las paletas en un molino de viento grande llamado turbina. La turbina produce electricidad. ¡Esa es la energía eólica!

Esas turbinas son enormes.

¡Hasta son más altas que yo!

¿Cómo podemos usar menos energía?

Consumir menos energía es una buena manera de mantener más saludable el planeta.

Hay muchas maneras de usar menos energía. Apaga siempre las luces cuando todos se van de una habitación.

Para caminar o andar en bicicleta usas la energía de tu cuerpo.

Hay muchas maneras de divertirse sin usar electricidad.

¡Construir con bloques! ¡Hacer un fuerte!

Hacer pequeños cambios para ahorrar energía puede hacer una gran diferencia para el planeta.

Todos los días es el Día de la Tierra

El Día de la Tierra es el 22 de abril. En este día festivo se conmemora la importancia de la Tierra para las plantas, los animales y las personas.

¡Plantemos frutales!

Tengamos una tarde con energía propia

Haz un desafío con tu familia o amigos y tengan una tarde con energía propia. ¡No se necesita electricidad!

1. Planifica actividades para las que no se consuma electricidad. ¡Puedes explorar un patio de juegos, jugar con un juego de mesa, dar una caminata o muchas otras cosas!

2. Invita a tu familia o amigos para que se unan.

3. Piensa en tu tarde. ¿Qué fue lo más divertido? ¿Qué podrías hacer la próxima vez?

Glosario

electricidad: una forma de energía. La electricidad potencia muchas cosas, como las luces y los televisores.

energía solar: energía que viene del Sol

paneles: una superficie plana. Los paneles solares captan luz solar para obtener energía.

turbina: una máquina que produce energía cuando el viento hace que las paletas giren

Índice

activar, 10, 25

compartir el automóvil, 22

electricidad, 11, 16, 24–25

energía eólica, 16

energía solar, 14–15

luces, 6, 20–21

viajar, 9

Créditos por las fotografías

Créditos de las imágenes adicionales: Iconos planos vectoriales/Shutterstock.com (en todo el libro); Westend61/Getty Images, p. 5; evgenyatamanenko/Getty Images, p. 6; JGalione/Getty Images, p. 7; Hero Images/Getty Images, p. 8; Greg Bajor/Getty Images, p. 9; Rawpixel.com/Shutterstock.com, p. 10; aanbetta/Shutterstock.com, p. 11 (TV); Flashpop/Getty Images, p. 11 (cantante); tibu/Getty Images, p. 12; Karel Bock/Shutterstock.com, p. 13; rangizzz/Shutterstock.com, p. 14; deepblue4you/Getty Images, p. 15; photographer/agency/Getty Images, p. 17; Keith Stewart/500px/Getty Images, p. 18; Golden Pixels LLC/Shutterstock.com, p. 19; Imgorthand/Getty Images, p. 20; Ariel Skelley/Getty Images, p. 22; Jose Luis Pelaez Inc/Getty Images, pp. 23, 28; Steve Debenport/Getty Images, p. 24; Ariel Skelley/Getty Images, p. 26; Mireya Acierto/Getty Images, p. 30.
Portada: Somchai Som/Shutterstock.com (bombilla); vectortatu/Shutterstock.com (fondo).

Traducción al español: TM and © 2025 Sesame Workshop.
Título original: *Save Energy, Bert and Ernie!*
Texto: TM and © 2020 Sesame Workshop.
La traducción al español fue realizada por Zab Translation.

Todos los derechos reservados. Protegido por las leyes internacionales de derecho de autor. Se prohíbe la reproducción, el almacenamiento en sistemas de recuperación de información y la transmisión de este libro, ya sea de manera total o parcial, por cualquier medio o procedimiento, ya sea electrónico, mecánico, de fotocopiado, de grabación o de otro tipo, sin la previa autorización por escrito de Lerner Publishing Group, Inc., exceptuando la inclusión de citas breves en una reseña con reconocimiento de la fuente.

ediciones Lerner
Una división de Lerner Publishing Group, Inc.
241 First Avenue North
Mineápolis, MN 55401, EE. UU.

Si desea averiguar acerca de niveles de lectura y para obtener más información, favor consultar este título en www.lernerbooks.com.

Fuente del texto del cuerpo principal: Mikado. Fuente proporcionada por HVD.

Library of Congress Cataloging-in-Publication Data

Title: ¡Ahorremos energía, Beto y Enrique! / Jennifer Boothroyd.
Other titles: Save energy, Bert and Ernie! Spanish | Sesame Street (Television program)
Description: Minneapolis : Ediciones Lerner, [2025] | Series: Cuidemos el ambiente con Sesame Street | Translation of: Save energy, Bert and Ernie! | Includes bibliographical references. | Audience: Ages 4–8 | Audience: Grades K–1 | Summary: "How can you be kind to Earth? Bert and Ernie along with their Sesame Street friends teach young readers about energy and how everybody can conserve energy to protect the planet. Simple, practical advice tackles the big issue in a kid-friendly way. Now in Spanish!"— Provided by publisher.
Identifiers: LCCN 2024010695 (print) | LCCN 2024010696 (ebook) | ISBN 9798765643839 (lib. bdg.) | ISBN 9798765661154 (paperback) | ISBN 9798765651469 (epub)
Subjects: LCSH: Energy conservation—Juvenile literature. | Environmentalism—Juvenile literature. | Earth Day—Juvenile literature.
Classification: LCC TJ163.35 .B6618 2025 (print) | LCC TJ163.35 (ebook) | DDC 333.79/16—dc23/eng/20240323

Fabricado en los Estados Unidos de América
1-1010878-52417-4/4/2024